Jouissances forestières.

Toutes les questions concernant les forêts présentent une haute importance, non-seulement à cause des intérêts qui s'y rattachent, mais encore en raison de l'influence qu'elles exercent sur les conditions économiques et sociales des peuples.

Il est certain que les forêts purifient l'air et contribuent ainsi à la salubrité des régions au milieu desquelles elles sont placées.

D'un autre côté les rampes boisées raffermissent le sol, empêchent la pluie d'entraîner les bonnes terres, de dénuder nos montagnes, d'inonder et de dévaster nos plaines.

Les forêts contribuent aussi essentiellement à alimenter les sources et à maintenir constant le volume d'eau de nos fleuves, de nos rivières et de nos ruisseaux. C'est là une vérité incontestable et qu'il est d'autant plus utile à proclamer, que depuis une trentaine d'années l'on a causé, par des dessèchements mal entendus et des défrichements inopportuns et abusifs, un mal irréparable aux nombreuses sources et aux petits cours d'eau de notre pays.

Les forêts sont pour le gouvernement une fortune d'autant plus précieuse, qu'elle tend à s'accroître d'année en année, même dans de très-fortes proportions; mais indépendamment des revenus que ces forêts procurent à l'État, elles fournissent encore, aux milliers de communes qui les avoisinent, des ressources inappréciables au point de vue de leur existence et de leur bien-être.

C'est surtout cette dernière considération, qui m'a déterminé à écrire cette notice que je diviserai en deux parties : dans la premières, je signale les avantages que procure la proximité des forêts et l'intérêt qu'aurait le Gouvernement à faciliter plutôt qu'à restreindre l'exercice de certains droits et jouissances constituant presqu'un besoin pour les populations des régions forestières. Dans la seconde, j'indique en quelques mots, combien il importe de conserver intact le domaine forestier de la France et de soumettre son exploitation aux règles invariables d'un bon aménagement.

1re Partie.

Si l'on remonte à l'origine des centres de population successivement formés, soit au milieu, soit aux abords des massifs de forêts, qui couvraient jadis une grande partie de notre territoire, l'on voit que ce sont les ressources de toute nature offertes par le voisinage des forêts qui ont déterminé ces agglomérations d'habitants devenues plus tard des communes.

Au temps de la féodalité, les seigneurs pour peupler les vastes solitudes de leurs domaines, faisaient de larges concessions de droits d'usage dans les forêts et la perspective de ces jouissances attirait presque toujours de nombreux émigrants. Autrefois aussi, chaque communauté d'habitants possédait généralement des biens propres spécialement affectés à l'usage commun. Ces jouissances collectives, qui étaient attachées au domicile, fixaient au sol les populations et exerçaient ainsi une influence considérable sur la prospérité générale du pays.

Pour faire apprécier la haute importance que l'on donnait alors à ces jouissances, je crois ne pouvoir mieux faire, que de rappeler un édit de Louis XIV encore aujourd'hui digne de fixer l'attention de tous ceux qui se préoccupent des questions d'intérêt public et de bien-être des populations.

Cet édit, donné à St Germain en Laie au mois d'Avril 1667, avait principalement pour but de garantir et de rendre aux communautés d'habitants la possession et jouissance des biens communs qui avaient été soit aliénés, soit partagés, et surtout de les réintégrer dans le libre et entier exercice des usages forestiers, que l'abus d'une mesure spoliatrice, appelée le triage, avait singulièrement amoindri.

En effet, sous le règne de Louis XIII et pendant la minorité de Louis XIV, les seigneurs profitant des troubles et de l'agitation pour ainsi-dire permanente, qui caractérisaient cette époque, avaient presque partout exercé le triage, c'est-à-dire le prélèvement du tiers sur les biens et droits de leurs communautés.

L'édit mentionné annule ces contrats, extorqués par la violence ou l'abus de pouvoir.

« Seront tenus, dit-il, tous les seigneurs prétendants
« droits de tiers dans les usages, commune[1] et
« communaux de communautés, ou qui en auraient
« fait le triage à leur profit depuis l'année 1630, d'en
« abandonner et délaisser la libre et entière possession,
« au profit des communautés, nonobstant tous
« contrats, transactions, jugements et
« autres choses à ce contraire »

L'édit indique ensuite les justifications et conditions auxquelles sont soumis les seigneurs dont les titres remontent à une époque antérieure à 1630 et il se termine par cette disposition aussi libérale que désintéressée.

« Et pour traiter d'autant plus favorablement
« les communautés, nous les avons confirmées et confir-
« mons, par ces présentes, dans la possession et jouissance
« des usages et communes qui leur ont été concé-
« dés par les Rois nos prédécesseurs et par nous-mêmes,

---

(1) Ce terme commune est employé ici comme synonime de biens communaux, propriété communale.

[illegible] tiers [illegible] dans les dits usages et communes ».[1]

Ce document dont je viens de signaler un passage extrait et peut-être trop peu connu, il devrait être médité par nos hommes d'État. L'ensemble m'a paru remarquable par la simplicité du langage, la connaissance parfaite des besoins du peuple, une compassion vraie pour ses misères et souffrances, et surtout par un désir sincère et une volonté ferme d'y remédier autant que possible. Comme on l'a vu le Roi ne craint pas jusqu'à un certain point de porter atteinte à la propriété, il sacrifie même une partie de la sienne pour réparer des torts et des injustices et augmenter le bien-être de la classe la moins fortunée.

Cet édit a été rendu sous Colbert et il est probable que c'est ce grand ministre qui en a inspiré les principales dispositions. Quoi qu'il en soit, il a dû puissamment contribuer à rendre le Roi populaire. Du reste, en accordant ces éloges à Louis XIV je ne voudrais pas laisser croire que je sois précisément enthousiaste de son règne. En ma qualité de protestant, je ne saurais ignorer que, dix-huit ans après, ce même Roi a fait un mal immense à la France par la révocation de l'édit de Nantes; mais cela ne doit pas m'empêcher de reconnaître que par l'acte souverain que j'ai cité, il a fait preuve de beaucoup de courage et de justice.

Si, comme l'indique l'édit de 1667, les jouissances forestières avaient une haute importance il y a deux siècles

---

(1) Voir Note I à la fin.

elles présentent encore aujourd'hui pour les populations agricoles qui se trouvent à proximité des forêts un intérêt considérable.

Les plus essentielles de ces jouissances, soit qu'elles résultent de titres formels, soit qu'elles émanent plus ou moins de la tolérance de l'État, consistent principalement :

1° Dans le pâturage des bêtes à cornes ou le pacage.

2° Dans le parcours des porcs, qu'on appelait autrefois, droit de glandée et de vaine-pâture.

3° Dans la faculté de prendre le bois mort et d'extraire les souches des arbres abattus.

4° Dans celle d'enlever les feuilles mortes, d'arracher ou de couper de l'herbe, de ramasser des glands et des faînes.

Depuis l'édit de 1667 jusqu'en 1827, les communes ont joui, sans contestation et à leur grand avantage de ces différentes facultés ; malheureusement le Code forestier, promulgué à cette dernière époque a complètement modifié cet état de choses les jouissances forestières ont été supprimées en principe et là où, en présence de titres, il a fallu les respecter, leur exercice sous prétexte de réglementation a été soumis à tant d'arbitraire et de formalités qu'il est devenu pour ainsi dire impossible.

Le Code forestier de 1827 a porté un coup mortel aux communes usagères.

Le pâturage des bêtes à cornes à raison des entraves auxquelles on l'a soumis, est devenu à peu près impraticable et de fait on y a renoncé presque partout, et cependant c'était une ressource bien précieuse pour l'habitant de la montagne dont le bétail est la principale pour ne pas dire la seule richesse.

Là, en effet, plus qu'ailleurs, le bétail est un élément indispensable, je ne dirai pas de bien être, mais même d'existence. C'est lui qui donne l'engrais et l'on sait que, dans les régions montagneuses, le sol généralement ingrat ne produit qu'à force d'engrais. L'on sait aussi que le montagnard pour lequel le pain est souvent un objet de luxe, se nourrit presque exclusivement de lait et de pommes de terre.

Lorsque le pâturage s'exerçait librement il encourageait et facilitait la production du bétail. Le pacage forestier produit une influence bienfaisante sur la santé des bêtes qu'il rend plus fortes, plus robustes, moins susceptibles de maladie; il économise singulièrement la nourriture à l'étable pendant une grande partie de l'année et c'est à ce point de vue surtout, qu'il était pour la classe pauvre un immense bienfait.

Avec le pâturage chacun pouvait avoir sa vache et l'on connaît ce vieux proverbe de la campagne « une bonne vache chasse la misère », le bétail est le pivot de toute l'économie domestique du paysan. Sans bétail tout lui manque et la vie lui devient pour ainsi dire impossible.

Ce sont là des vérités incontestables que malheureusement le législateur moderne n'a pas assez prises en considération. Il s'est trop exclusivement préoccupé de l'idée de la conservation des forêts et s'exagérant, outre mesure, les quelques inconvénients qui peuvent résulter du pâturage des bêtes à cornes, il s'est laissé aller à méconnaître des droits acquis et à déposséder les malheureuses populations usagères d'un de leurs principaux avantages.

Le parcours des porcs a perdu lui aussi la plus grande partie de son importance et de son utilité par les restrictions qui ont été apportées à son exercice.

Le parcours, en effet, tel qu'il existait jadis, se composait de deux choses distinctes la vaine et la grasse pâture.

La vaine pâture consistait dans le droit d'envoyer le porc en forêt pendant toute l'année. La grasse pâture se rapportait spécialement aux époques où le porc trouvant dans la forêt de la faîne ou du gland, n'avait besoin d'aucune autre nourriture pour s'engraisser.

La vaine pâture était surtout utile pour l'élevage des jeunes bêtes, elle permettait de le faire dans d'excellentes conditions et à très-peu de frais. Or, cet élevage était pour les communes usagères l'occasion d'une industrie importante et lucrative. Cette industrie a été complètement anéantie par la disposition de l'article 66 du Code forestier qui en limitant la glandée à trois mois a supprimé de fait la vaine pâture.

Les troupeaux de certains villages qui se composaient autrefois de deux à trois cents porcs n'en ont plus aujourd'hui que trente ou quarante.

Il en est résulté, non-seulement un dommage considérable pour les populations qui se livraient à l'élevage des porcs, mais encore une grande diminution dans la production de la viande et comme conséquence naturelle le renchérissement de cette denrée alimentaire de première nécessité.

Pour justifier ces rigueurs, qui ont produit de si funestes résultats, l'on invoque toujours et invariablement une unique raison, la conservation des forêts. L'on pourrait se borner à répondre, qu'il est notoire qu'avant 1827 les forêts étaient dans un bien meilleur état qu'elles ne le sont aujourd'hui. Mais sans s'arrêter à ce fait, cependant si démonstratif par lui-même est-il bien exact de prétendre que l'introduction du bétail et notamment des porcs dans la forêt lui cause réellement préjudice. Les forestiers les plus expérimentés s'accordent au contraire à reconnaître que les porcs font du bien plutôt que du mal aux forêts. Ces animaux remuent le sol et le rendent ainsi meuble et propre à recevoir la semence ; ils enfouissent une partie des glands et des faînes et préparent par là le repeuplement naturel ; enfin ils débarrassent la terre d'une multitude de vers et d'insectes nuisibles qui, sans eux se multiplient à l'infini, au grand détriment des terres voisines et de la forêt elle-même.

Il ne faut d'ailleurs pas perdre de vue que le porc, de même que les bêtes à cornes, ne sont et ne doivent être introduits que dans les cantons qu'on appelle défensables, c'est-à-dire ceux dont les bois sont arrivés à un âge assez avancé pour que la présence de ces animaux ne puisse causer aucun dommage.

Il faut croire que l'Administration forestière ne s'était pas parfaitement rendu compte de la perturbation qu'elle allait jeter au milieu des communes usagères lorsque dix ans après la publication du code forestier, elle imagina tout à coup de considérer la limitation à trois mois de la gland et du panage comme une mesure de police rendant ainsi illusoire le droit de vaine-pâture, même en présence des titres les plus formels et d'une possession constante et incontestée. L'on se souvient encore en Alsace de l'émotion que produisit l'application de cette mesure. Les Communes fortes de leurs titres, ne comprenaient pas qu'on pût les déposséder d'un droit dont elles jouissaient depuis des siècles. Elles résistèrent et, il faut bien le dire, pour ceux qui connaissaient le pays, leur prétention paraissait si légitime et si respectable, qu'elles obtinrent gain de cause devant les tribunaux de première instance. Mais devant la Cour de Cassation rigide interprète de la loi, les dispositions de l'article 66 furent considérées comme étant d'ordre public. Ce principe une fois admis, les titres devenaient sans valeur, aussi quelque injuste que put leur paraître cette interprétation, les communes furent forcées de se soumettre. C'est ainsi que disparut une industrie qui jusqu'alors, avait procuré un peu d'aisance aux populations usagères.

Qu'arriva-t-il cependant ?

Dix ou quinze ans plus tard, l'Administration forestière finit par reconnaître ce que les forestiers allemands ont reconnu depuis longtemps, à savoir, que le porc loin d'être nuisible, est utile et nécessaire à la forêt.

Que fit-elle alors ?

Elle aurait pu peut-être confesser son erreur et provoquer une nouvelle interprétation ou plutôt une modification de la loi.

Dans ce cas, les anciens titres auraient repris leur force et les communes usagères auraient pu dans un avenir plus ou moins lointain, retrouver tout ou partie de ce qu'elles avaient perdu.

Cette voie eût été incontestablement la plus équitable, malheureusement ce ne fut pas celle qui fut suivie. L'on continua à dénier le droit résultant des titres, mais usant de l'omnipotence du propriétaire l'on accorda à titre gracieux et moyennant redevance, la faculté d'envoyer les porcs en forêt pendant toute l'année. Aujourd'hui ceux qui veulent user de cette faculté sont tenus de se faire agréer et de donner, annuellement en échange, un certain nombre de journées de prestations. Certes les agents qui, dans l'intérêt de la culture forestière, et obéissant peut-être aussi un peu à un sentiment d'humanité, ont provoqué ce terme moyen, qu'on décore du nom d'acte de tolerance étaient animés d'excellentes intentions. Et cependant que de tristes et sérieuses réflexions cette manière d'agir ne fait-elle pas naître dans l'esprit de tout homme impartial. Comment sous prétexte que l'ordre public et la police des forêts exigent impérieusement que le parcours soit réduit à trois mois, l'on dépossède les usagers de l'exercice d'un droit consacré par des titres et une possession immémoriale ; puis, lorsqu'on s'est aperçu qu'on a fait fausse route ; que ce droit n'est pas le moins du monde incompatible avec la bonne administration, la police des forêts, au lieu de le laisser tout naturellement revivre on en fait l'objet de concessions nouvelles soumises à des redevances, car les prestations en nature, qui représentent de l'argent, ne sont en définitive qu'une redevance.

Quelle idée doivent se faire de la loi des populations ignorantes, lorsqu'elles en voient faire une aussi étrange application. Du reste la tolérance intéressée et tardive de l'administration n'a pas pu réparer le mal que ses premières rigueurs avaient causé. Il y a encore des troupeaux de porcs dans des communes usagères mais ils sont tellement réduits qu'ils ne se comparent pas à ceux qui existaient autrefois. La tolérance est sœur de l'arbitraire et elle inspire généralement peu de confiance; il n'y a que le droit qui puisse fonder quelque chose de durable et de sérieux.

L'enlèvement du bois mort ne peut causer aucun préjudice à la forêt et il est d'un très grand secours pour le pauvre.

Il faut reconnaître que cet enlèvement est assez généralement toléré mais dans des conditions qui en réalité, réduisent le bienfait à fort peu de chose.

L'on autorise le ramassage des branches sèches répandues sur le sol et si l'on permet de toucher aux arbres ce n'est qu'à la condition de n'enlever que ce qui peut être détaché avec la main ou tout au plus avec des crochets en bois. L'usage de la hachette ou de la scie est formellement interdit.

Qu'en résulte-t-il ?

Le malheureux qui va au bois pour y faire un fagot, ne parvenant pas à détacher les branches qui, bien que mortes, sont adhérentes au tronc, ne manque pas de faire usage de la hachette dont il a toujours soin de se munir, seulement dans ce cas, comme il sait qu'il est en délit, il ne se préoccupe plus de choisir le bois mort, il coupe ce qui lui vient sous la main pour accélérer sa besogne et éviter la surprise du garde[1]. Tout cela n'arrivait certes pas si l'autorisation était plus large, si le bois mort était abandonné aux malheureux sans condition et s'ils pouvaient l'enlever de la manière la plus commode et la plus facile.

Que pourrait y perdre l'État?

L'adjudicataire des coupes ne tient aucun compte des branches mortes; bien au contraire, la branche sèche, si elle n'est pas détachée, finit par communiquer la pourriture au tronc; elle peut être considérée comme un signe, un indice que l'arbre n'est pas tout à fait sain.

Les branches mortes sont donc souvent une cause de dépréciation, elles ne contribuent jamais à une augmentation de valeur.

L'on ne manquera pas de répondre que c'est pour prévenir les délits que l'on prohibe l'emploi de la hachette et de la scie.

Mais comme on vient de le dire, en réalité, cette prohibition tend à faire naître des délits plutôt qu'à les empêcher.

D'ailleurs si le Gouvernement, si soucieux, si préoccupé des intérêts des classes pauvres et laborieuses faisait de l'abandon des bois morts l'objet d'une concession franche,

---

(1) *C'est là aussi une des principales causes des nombreux accidents qui arrivent à ceux qui cherchent du bois mort: en voulant terminer trop vite leur travail, ils s'oublient un moment et tombent au bas de l'arbre, et une telle chute entraîne presque toujours la mort ou une lésion grave. Que d'enfants et d'hommes estropiés ne rencontre-t-on pas dans les villages forestiers, par suite de ces chutes terribles.*

qui aurait son principe dans la loi et non dans la tolérance ou l'arbitraire des agents, rien ne serait plus facile que de réglementer l'enlèvement ou la délivrance du bois mort ; alors, mais seulement alors ce serait un véritable bienfait pour les familles indigentes.

L'extraction des souches, bien loin de nuire est excessivement profitable au sol forestier. Elle purge le sol des racines qui s'étendent autour des arbres de haute futaie et elle prépare l'ensemencement naturel de places souvent fort étendues qui sans cette extraction resteraient improductives pendant soixante ou quatre-vingts ans.

Durant longtemps on a laissé les souches pourrir en terre, ce qui causait un très-grand dommage à la forêt.

Aujourd'hui certains agents plus intelligents, en autorisent l'extraction, mais ils exigent en échange un nombre plus ou moins considérable de journées de prestations. Par le fait ils font payer ce qu'ils donnent.

Il serait désirable que l'extraction des souches, comme l'enlèvement du bois mort fut autorisée et réglementée par une disposition législative. Ce serait une faveur attachée au domicile de ceux qui vivent dans le voisinage des forêts.

L'enlèvement de l'herbe, le ramassage des glands et des faines, offrent dans de certains moments des avantages réels au pauvre cultivateur. L'herbe et le gland suppléent à l'insuffisance des fourrages; la faine donne l'huile nécessaire au ménage. Quel mal l'enlèvement de ces produits peut-il causer à la forêt ? Et cependant cet enlèvement est poursuivi et réprimé avec une impitoyable rigueur.

Il y a peu de jours, un de nos amis me racontait qu'il venait d'assister à une audience forestière ; presque tous les procès-verbaux avaient été dressés pour ramassage de glands et il a vu successivement condamner à l'amende et même à la prison un grand nombre d'individus à raison de ce délit. Il ajoutait que le coeur lui saignait et qu'il est convaincu que les juges éprouvaient un sentiment semblable ; mais que pouvaient-ils faire ? C'est la loi, ils étaient fatalement tenus de l'appliquer.

Restent les feuilles mortes. Depuis nombre d'années, la question des feuilles mortes est devenue la question ardente de tous les pays montagneux. L'on affecte de ne pas comprendre que, dans ces régions dont le sol ingrat est très-peu propre à la culture des céréales et où ce n'est qu'à grand peine et à force d'engrais que l'on parvient à lui faire produire les choses les plus essentielles à la vie, la feuille est pour ainsi-dire un besoin indispensable. C'est une mauvaise litière sans doute, mais enfin cette litière permet du moins de consacrer à l'alimentation du bétail le peu de paille que le montagnard récolte.

L'on dit que la feuille est l'engrais de la forêt, que son enlèvement appauvrit le sol et produit le dépérissement du bois. Partant de cette idée, les agents de l'administration forestière, animés d'un zèle dont le but est incontestablement louable mais dont les conséquences sont désastreuses, refusent impitoyablement la délivrance la plus légitime et si dans certaines localités, dominés par l'évidence du besoin mis en demeure par les administrations départementales, ils sont obligés de se départir de cette règle, ils le font avec tant de parcimonie et en y mettant des conditions telles, que le bienfait de ces délivrances devient pour ainsi-dire illusoire.

Sans doute la feuille sert plus ou moins d'engrais au sol forestier, cependant il ne faut pas évaluer outre mesure l'influence qu'elle doit exercer sur la croissance des arbres. Ne voit-on pas les plus beaux peupliers, tilleuls, frênes et ormes pousser et se développer dans des localités où le vent ne laisse pas une feuille à proximité de leurs racines? Le chêne et le hêtre ne grandissent-ils pas dans les meilleures conditions au sommet des montagnes les plus escarpées, notamment celles de la chaîne des Vosges? Sur ces sommets cependant la feuille morte ne séjourne pas; elle est entraînée en pure perte dans les bas fonds et dans les cours d'eau dont souvent elle obstrue le lit. Maintefois j'ai eu occasion de constater que des usines hydrauliques ont été, en automne, obligées de chômer à raison des quantités de feuilles qui encombraient la rivière sur laquelle elles sont situées. Dois-je signaler encore ces magnifiques arbres de diverses espèces qui se trouvent le long de nos routes, sur les promenades et même au milieu des villes sur des places pavées? Ces arbres atteignent presque toujours les plus grandes dimensions et l'âge le plus avancé sans que jamais aucune de leurs feuilles contribue en quoi que ce soit à leur croissance et sans que, de près ou de loin, aucun engrais ne parvienne à leurs racines. C'est qu'en effet, l'engrais n'est pas en réalité la chose la plus essentielle pour la croissance des arbres (1).

L'air et la lumière, voilà les éléments principaux qui concourent à leur développement. Il y a un vieil axiome qui dit :

« Peu d'arbres, beaucoup de bois »

Aujourd'hui l'on semble suivre une règle toute opposée ; au lieu de tenir les arbres convenablement espacés afin que leurs couronnes puissent prendre le développement nécessaire, on resserre les plantations et de cette manière on produit des

---

(1) *Extrait d'un ouvrage du célèbre chimiste* **Liebig** *intitulé* **La Plante** *qui corrobore ce que je viens de dire.*

« La perte en substances nutritives, inorganiques ou minérales que su-
« bissent les arbres à feuilles non persistantes par la chute de ces feuilles, n'est
« que très-légère.

« En effet, lorsque la feuille a atteint tout le développement dont elle est
« susceptible, les cellules corticales se remplissent d'une quantité considérable
« de granules féculacées, tandis que ces dernières disparaissent complètement des
« cellules du bourrelet des pétioles.

« Bien avant la chute des feuilles, on observe une diminution très-
« sensible de leur sève, tandis que l'écorce des branches regorge souvent de sucs
« à la même période.

« En concordance avec ces faits, l'analyse des cendres des feuilles dé-
« montre que la proportion d'alcalis et d'acide phosphorique y diminue beau-
« coup immédiatement avant leur chute ; les feuilles tombées en renfer-
« ment des quantités si minimes, comparativement à la masse totale de
« ces feuilles qu'on ne peut guère expliquer le tort qui pourrait résulter de
« l'enlèvement des feuilles mortes dans les forêts.

« Une retrocession semblable des produits d'assimilation paraît
« exister pour les plantes herbacées ; lorsque les feuilles flétries et jaunies
« par les chaleurs de l'été sont soumises à l'analyse, on n'y rencontre plus
« guère de matières azotées, de phosphates et d'alcalis, aussi l'instinct des
« animaux leur fait-il rejeter comme nourriture toute espèce de feuilles mortes.

troncs minces et élevés qui n'ont presque pas de couronnes. Plus tard, lorsqu'on fait des éclaircies, et qu'on donne à l'arbre le grand air, auquel il n'a pas été habitué dès sa naissance, il n'a ni la force ni le développement nécessaire pour le supporter; il devient alors facilement malade, il prend la carie; sa cime se dessèche; il produit des branches parasites, dépérit et meurt avant l'âge[1]

La meilleure science forestière est celle qui observe la nature et se base sur l'expérience. Pour tout ce qui touche à la culture, les théories, surtout les théories absolues, quelque séduisantes qu'elles apparaissent au premier abord, produisent presque toujours dans l'application de fâcheux et regrettables résultats.

---

(1) *On peut comparerer ces arbres à des enfants qu'on tiendrait constamment enfermés dans la maison, sans leur permettre de respirer le grand air.*

Toute personne qui n'entendrait même rien aux forêts, peut se convaincre de l'exactitude de ces faits, en se promenant à la lisière d'un bois, dans lequel les arbres se trouvent ainsi serrés les uns contre les autres; elle verra que ceux qui sont placés extérieurement sont généralement beaucoup plus gros et plus vigoureux que ceux placés dans l'intérieur, car ces derniers éloignés de la lumière et de l'air croissent péniblement et sans branches.

La même chose peut se voir dans un massif de jardin, ne serait-il composé que de 30 ou 40 sapins, il arrivera qu'au bout de 15 ou 20 ans, les arbres extérieurs auront des troncs 2 ou 3 fois plus gros, que ceux qui sont enfermés dans l'intérieur du massif et qui n'ont pas assez d'espace pour pouvoir étendre leurs branches.

Aussi n'y a-t-il pas le moindre doute qu'une forêt qui se trouve dans de telles conditions produit non-seulement moins de bois; mais son sol est encore bien plus épuisé par ces plantations serrées, qu'il ne le serait par l'enlèvement le plus considérable des feuilles mortes.

Cette digression a eu uniquement pour but de constater qu'il y a beaucoup d'exagération dans l'opinion de ceux qui attribuent exclusivement à l'enlèvement des feuilles mortes et à l'exercice de certains droits d'usage l'appauvrissement de nos forêts. Le mode de culture peut être aussi pour quelque chose dans cet appauvrissement. Ce qui dans mon opinion, y a surtout contribué, ce sont les coupes extraordinaires faisant successivement disparaître la haute-futaie qui fait la richesse des forêts. Ce sont encore les nombreuses aliénations qui ont été faites par l'État et les défrichements irréfléchis qui en ont été la suite.

On ne saurait, en effet, assez le répéter, avant la publication du Code, c'est-à-dire, alors que les jouissances forestières s'exerçaient librement, les forêts étaient dans un bien meilleur état qu'elles ne le sont aujourd'hui. Depuis, certaines de ces jouissances ont été supprimées ; toutes ont été singulièrement amoindries ; l'on ne saurait donc sérieusement et de bonne foi leur attribuer l'appauvrissement de nos forêts que chacun cependant est obligé de reconnaître.

Loin de moi, du reste, la pensée de soutenir que l'enlèvement des feuilles mortes notamment ne puisse pas, surtout lorsqu'il y a abus, causer quelque préjudice au sol forestier ; mais ce préjudice éventuel, auquel il serait d'ailleurs facile d'obvier par une juste réglementation, est peu de chose au point de vue où, à mon avis, il est rationnel et convenable de placer la question des jouissances forestières.

Pour moi cette question est avant tout une question d'économie sociale ; car ces jouissances doivent tendre à développer la prospérité publique et à répandre un peu d'aisance et de bien être dans les campagnes où la vie devient de jour en jour plus pénible et plus difficile[1]

Si l'on cherchait à se rendre bien compte et à traduire en chiffres la somme de bénéfice que pourrait produire le libre exercice des différents droits que nous avons énumérés, l'on serait surpris des résultats qui ressortiraient de ces calculs et l'on comprendrait alors tout l'intérêt qui se rattache à la question des jouissances

---

(1) A ce sujet je citerai encore le fait suivant.

Pour fumer un arpent de terre il faut au moins, 6 voitures à 2 boeufs, de fumier.

Si le cultivateur peut chercher assez de feuilles mortes pour la litière de sa vache, la vache lui produira ces 6 voitures dans le courant de l'année et ce fumier ne lui coûtera rien ; parce qu'il cherche les feuilles dans les heures perdues.

Tandis que s'il est obligé d'acheter de la paille pour la litière il lui faut par an au moins 160 bottes de paille qui, à raison de 0,35c par botte lui coûteront 56 francs.

Par conséquent, il épargnera par an 56 francs, s'il peut chercher des feuilles mortes dans la forêt ; et cette somme est pour lui énorme puisqu'elle équivaut à presque 50 journées de son travail.

L'on comprendra donc facilement l'immense difficulté que le pauvre cultivateur doit éprouver pour ramasser une pareille somme d'argent ; pourtant s'il ne veut se défaire de sa vache, ni de son champ et s'il ne peut obtenir des feuilles mortes dans la forêt, il faut bien qu'il avise à un autre moyen. Il ne lui en reste généralement qu'un, celui d'acheter un peu de paille et de chercher de l'herbe et d'autres plantes pour s'en servir à former une pitoyable litière à sa vache. Mais cette litière étant insuffisante, il s'en suit, qu'au lieu de 6 voitures de fumier il n'en fera que la moitié ; et son champ ne recevant plus que la moitié de l'engrais lui donnera également un rendement bien moindre. Une telle année néfaste suffit quelquefois pour gâter son existence pendant toute sa vie.

forestières.

Je dirai tout à l'heure une expérience qui m'est presque personnelle, car elle s'est passée sous mes yeux ; je veux au préalable signaler comme point d'appui de mon opinion quelques extraits d'un ouvrage fort remarquable qui émane d'un homme très-compétent dans la matière Mr Dressler Conseiller des forêts du Roi de Hanovre(1).

Voici comment il analyse les produits qu'on retire du pâturage et de l'enlèvement des herbes dans les forêts du Harz qu'il a prises pour type de ses calculs.

« Produits du pâturage et des herbes dans ces forêts »

« Pour établir le chiffre de ces produits, nous possédons les
« données les plus exactes des forêts du Harz. Dans ces
« forêts, à l'exception de quelques petites parcelles, le pâtu-
« rage et le parcours, sont exercés partout dans les cantons
« défensables, le nombre des bestiaux y est noté très-exacte-
« ment.

« En moyenne on y conduit chaque année :

8.000 vaches et bœufs,

2.500 génisses et veaux,

20 chevaux

« sans parler des moutons et des porcs.

« Les bêtes à cornes et les chevaux y pâturent tout l'été et
« chaque jour. Pendant les mois de Juin, Juillet, Août
« et Septembre la plupart des bêtes y trouvent leur nour-
« riture complète, tandis que pour les mois de Mai et d'Octobre
« on ne peut admettre que la moitié. Par conséquent, vaches
« et chevaux trouvent leur nourriture pendant cinq mois

---

(1) Les forêts du Royaume de Hanovre par Gustave Dressler Hanovre 1851.

« La consommation du cheval équivaut à celle d'une vache ; et des 2000 génisses et des 500 veaux on prendra deux pièces comme l'équivalent d'une vache. D'après cela il y aurait à compter 9450 vaches pendant 5 mois.

« Il faut à une vache par an au moins la valeur de 50 quintaux de foin soit 21 quintaux pour 5 mois, le quintal de foin est estimé à 8 gros, quoiqu'on le vende généralement à 12 gros dans le Harz, par conséquent on peut admettre 7 thalers (27f.30) pour le pâturage d'une vache. Cette estimation est certainement bien au-dessous de la réalité et aucun des usagers ne céderait son pâturage à ce prix.

« Le pâturage des 9450 vaches s'élève donc à la somme de 66 150 thalers ou (257.985 francs)

« La surface des forêts de l'État dans le Harz où l'on exerce le pâturage s'élève à 200,958 Morgen (52.630h.90a) ; par conséquent la valeur du pâturage sur un morgen est de 7 gros ou 10 Sg (soit 4f.90c et une fraction par hectare, et cela sans que les forêts subissent par ce pâturage un dommage réel.

Ceci est un fait tellement important qu'il devrait donner à réfléchir à tous ceux qui veulent la suppression du pâturage, car il ne s'agit de rien moins que d'enlever annuellement au revenu national 66.150 thalers, et cela sans aucune raison fondée et sans aucune compensation.

Outre ce pâturage, il y a encore à considérer dans les forêts du Harz l'enlèvement des herbes.

Généralement on coupe ou on arrache l'herbe dans les cantons non défensables, ou sur des places où les bêtes ne

« peuvent pas pâturer et à ceux-là on accorde des permissions « par écrit.

« En 1847, cette jouissance a été l'objet d'un examen attentif « de la part de l'auteur même de ce livre, en ce qui concerne le « bourg Lauterberg.

« Dans cette année, on y a délivré 300 permissions pour « chercher de l'herbe, ces permissions ont rapporté 225 thalers.

« Chaque personne cherchait pour sa part en moyenne « 156 charges.

« Chacune de ces charges pesait 60 livres, ce qui représente « au moins une valeur de 10 livres de foin. Par conséquent, « cette commune a reçu dans une année 46.800 charges d'herbes « représentant 4680 quintaux de foin. En comptant la main- « d'oeuvre à raison de 1 gros par charge, le quintal de foin « reviendrait à 10 gros pour la main d'oeuvre

« Cette main-d'oeuvre ne peut constituer un grand « sacrifice pour cette personne, parce qu'elle n'aurait pu « se procurer, qu'exceptionnellement ce gain ailleurs; « mais cela démontre aussi le grand avantage qui résulte « de cette jouissance pour la classe pauvre.

« Le même résultat a été constaté dans les autres locali- « tés du Harz[1] »

En France, l'État possède environ 1.100.000 hectares de forêts. Si l'on applique à ces forêts les calculs de M. Dressler, l'on voit que le pâturage seul y représente un revenu annuel possible de 5.300.000 francs.

Si l'on calcule en outre, par approximation, la valeur

---

(1) *Voir Note II.*

de l'enlèvement de l'herbe, l'on trouve qu'un simple village, comme celui de Lanserberg, pourrait en retirer 9360 francs par an, en admettant le quintal de foin à 2 francs; prix cependant minime pour notre pays.

Voici maintenant, comme corollaire des attestations de l'homme de science que je viens de citer, une expérience dont je puis affirmer les résultats car, comme je l'ai dit, elle s'est passée sous mes yeux.

La commune de Ettenswiller que j'habite est à proximité d'une forêt domaniale qu'on appelle la faisanderie et qui a une étendue de 259 hectares. Autrefois les habitants de ce pauvre village jouissaient dans cette forêt du pâturage et du parcours; mais les exigences et les difficultés sans nombre qu'en avaient soulevées avaient depuis longtemps rendu impossible l'exercice de cette faculté.

La statistique présentait cette situation anormale que le nombre des bestiaux diminuait d'année en année tandis que la population augmentait dans une assez notable proportion. En 1848, l'on ne comptait plus que 60 à 70 vaches et 5 à 6 porcs; les moutons avaient depuis longtemps complètement disparu. A cette époque des démarches actives et puissantes aboutirent à une autorisation par suite de laquelle la faisanderie fut de nouveau ouverte au pâturage et au parcours.

Les résultats ne se firent pas longtemps attendre; deux ans après, au mois de Juin 1850, je constatais qu'il y avait dans ce village:

120 à 130 vaches et génisses,

110 à 120 porcs,

130 à 140 moutons,

Je constatais encore que la production de la viande de porc

qui, avant 1848, atteignait à peine annuellement 15 quintaux s'était élevé en 1849, c'est-à-dire au bout d'un an, à près de 180 quintaux.

En présence de ces faits qui se sont produits dans une commune dont la population ne dépasse pas 1000 âmes, il faudrait être aveugle pour douter des avantages considérables qui ressortent du libre exercice des jouissances forestières.

Pendant plus de trois ans, j'ai suivi, avec autant d'intérêt que de sollicitude tout ce qui se rapportait au pâturage et au parcours, j'ai souvent demandé aux forestiers si l'usage qu'on en faisait causait quelque dommage à la forêt. Je puis affirmer la main sur la conscience qu'il m'a toujours été répondu que cela ne faisait aucun tort.

Malgré ces assurances, la pauvre commune de Monswiller n'a pas joui longtemps de la faculté qui lui avait été momentanément accordée. En 1854, l'administration forestière a repris, en Alsace du moins, les principes de rigueur dont elle s'était un moment départie ; à Monswiller, comme ailleurs l'on a supprimé le pâturage et le parcours. Aujourd'hui les étables sont vides et attestent d'une façon énergique toute l'influence qu'exerce la privation des jouissances forestières. Et ce n'est pas seulement le bien-être des populations qui participent à ces jouissances qu'il faut ici considérer ; l'augmentation du bétail entraîne l'augmentation de la production de la viande et apporte ainsi un contingent très-sérieux à l'ensemble des ressources alimentaires du pays.

L'on s'est beaucoup préoccupé dans ces derniers temps, et avec raison, de la tendance des habitants des campagnes d'émigrer vers les villes. Cette tendance est fâcheuse à tous les points de vue, mais elle s'explique facilement. L'ouvrier des campagnes trouve à la ville, en échange d'un travail moins dur et moins pénible que celui des champs, un salaire plus élevé. Il y est mieux nourri, mieux vêtu; il y rencontre des distractions qu'il ne connaissait pas et dont il n'aperçoit au premier abord que le côté attrayant.

En outre, en cas de maladie ou de malheur, il entrevoit l'assistance publique, l'hôpital, les soins gratuits du médecin. La vie dans ces conditions lui apparaît plus facile, plus agréable et mieux assurée.

Tout cela forme un mirage dont il ne se rend pas toujours bien compte, mais qui le séduit et l'entraîne.

Ne serait-ce pas d'une bonne politique de prévenir ce déplorable entraînement? S'il est vrai, comme j'en ai la conviction, qu'en se montrant libéral, en fait de jouissances forestières, l'on retiendrait et l'on fixerait davantage au sol les populations; cette seule considération ne devrait-elle pas suffire pour engager le gouvernement à entrer largement dans cette voie? Il le devrait surtout à l'égard des communes usagères qui ont été si rudement éprouvées par la trop rigoureuse application des principes qu'a consacrés le code forestier.

En édictant ces principes, les législateurs de 1827 ont complètement oublié que ces communes ont toujours été et resteront toujours pauvres. Cela tient en grande partie à la nature du sol, du peu d'étendue du territoire arable, à la difficulté de la culture et des communications.

Le fait de cette pauvreté qui est notoire, incontestable, renferme cependant en lui-même un enseignement; il témoigne d'abord que ce n'est que l'appât des concessions usagères qui a pu établir jadis un courant d'émigration vers ces régions déshéritées. Il indique ensuite que ce n'est que par le libre exercice de leurs droits d'usage que ces populations peuvent vivre.

On l'a dit et on le répète, les communes usagères ne seront jamais riches ; mais du moins, en leur rendant ces jouissances forestières, on leur donnera des élémens de prospérité relative. Le gouvernement a tout intérêt à le faire, ne fut-ce qu'au point de vue des impôts

Il y a d'ailleurs un sentiment de justice et d'équité qui le lui commande.

Pour venir en aide au commerce et à l'industrie, pour faciliter les transactions et les échanges, pour développer en un mot, la prospérité publique, qui fait la richesse et la force d'un pays, l'État a ouvert des routes, creusé des canaux, établi des chemins de fer, il a dépensé et dépense encore des sommes énormes pour le bien général

Pourquoi ne ferait-il rien pour des populations qui, à raison de la situation exceptionnelle dans laquelle elles sont placées, ont particulièrement droit à sa sympathie et à sa sollicitude ?

L'octroi des jouissances forestières aurait encore un autre avantage ; il ferait disparaître les délits, ou tout au moins les rendrait excessivement rares. Celui qui pourrait librement chercher du bois mort et extraire des souches s'attaquerait rarement au bois vif. D'un autre coté l'habitant, auquel la forêt offrirait des ressources variées et incessantes, qu'il considérerait comme l'élément nécessaire, la source de son bien-être, serait trop intéressé à sa conservation pour y commettre la moindre déprédation. Il s'établirait entre lui et l'État une espèce d'indivision de communauté d'intérêt, qui le rendrait tout naturellement l'auxiliaire des gardes, s'il arrivait par hasard que quelques malheureux fussent assez insensés pour se permettre des délits

Ainsi disparaîtrait aussi cette antipathie instinctive qui règne aujourd'hui entre les populations et les agents forestiers, antipathie aussi injuste que déplorable, mais qui malheureusement, est produite par la force des choses ; triste résultat d'une situation qui de part et d'autre est difficile et équivoque.

En résumé les forêts envisagées au point de vue économique et social, sont un puissant levier entre les mains de l'État pour améliorer le sort de certaines populations.

Et s'il est vrai que le bien-être et la fortune des citoyens font la force et la richesse du Gouvernement ce serait une mesure à la fois utile et sage que de restituer les jouissances forestières dont aujourd'hui les élémens se perdent sans profit pour personne tandis que livrées à ceux qui peuvent les utiliser ils produiraient les plus heureux résultats.(1)

Quelques mots maintenant sur l'aliénation des forêts de l'État et de leur aménagement.

IIe Partie.

A l'occasion d'un projet de loi présenté en 1865 au corps législatif l'on a beaucoup discuté sur la question de l'aliénation des forêts de l'État.

Je n'entends pas faire ici l'analyse de cette intéressante discussion je me bornerai à dire que j'ai été surpris de voir que ceux qui au point de vue économique, ont cherché à démontrer le grand intérêt et le devoir qu'avait l'État de conserver intact son domaine forestier, n'aient pas songé à faire valoir la raison principale en faveur de cette conservation en signalant tout le parti qu'on pourrait

(1) Voir Note III

tirer des produits forestiers accessoires; la législation actuelle, comme l'avare qui couche sur son trésor, laisse périr ces produits en pure perte plutôt que d'en laisser jouir les populations.

J'ai déjà indiqué, en m'appuyant sur l'ouvrage de Mr Dressler, le chiffre considérable que représentait l'exercice du pâturage seul s'il était pratiqué dans nos forêts. J'ajouterai que Mr Dressler qui a fait un travail complet sur la valeur de l'ensemble des produits, autres que le **bois** qu'on retire des forêts du royaume de Hanovre, l'évalue à un revenu annuel de 908.210 thalers soit 3.405.188f.

Or, comme les forêts du Hanovre ont une superficie de 350.000 hectares, si on applique les mêmes calculs aux 1,100,000 hectares qui, en France, composent le domaine forestier de l'Etat, l'on trouve le chiffre de 10.704.190f. c'est-à-dire, une somme qui équivaut presqu'au tiers du revenu actuel de nos forêts, qu'on évalue en moyenne à 32 millions de francs.

La conséquence logique qu'on peut tirer de ce rapprochement, c'est que la réglementation excessive et abusive du code forestier fait perdre un revenu annuel au-delà de dix millions de francs sans aucune compensation. Faut-il ajouter que ce revenu se doublerait et au-delà entre les mains de ceux qui seraient appelés à participer aux jouissances, dont ce chiffre ne représente que la valeur vénale.

Envisagée à ce point de vue, la question s'élargit et s'élève. Les forêts ne sont plus à considérer comme un simple placement immobilier, elles constituent en réalité une propriété nationale, un domaine d'utilité publique, au même titre que les routes, les chemins de fer, les ponts et les canaux. Le revenu en argent devient un accessoire insignifiant et l'on est amené à reconnaître que l'État doit conserver ses forêts, surtout parce qu'elles sont entre ses mains un puissant auxiliaire pour assurer et développer chez certaines populations agricoles, moins favorisées que d'autres, les éléments de bien-être et de prospérité que le Gouvernement doit indistinctement à tous ceux qui foulent le sol de la patrie commune.

Mais ce n'est pas tout de conserver les forêts, il faut encore pour qu'elles puissent accomplir leur mission, qu'elles soient régulièrement aménagées et que leur exploitation soit soumise à des règles fixes et invariables.

Les articles 15 et 16 du code forestier laissent au Gouvernement une latitude beaucoup trop large qui heurte et qui renverse jusqu'à un certain point le principe de l'aliénabilité. Lorsqu'on lit attentivement les débats qui eurent lieu à la Chambre à l'occasion de la discussion de ces articles, l'on voit que les députés de l'époque étaient généralement peu familiarisés avec la grave question qu'ils étaient appelés à résoudre. Benjamin Constant et Casimir Perrier furent presque les seuls qui comprirent les conséquences fâcheuses pouvant résulter de la loi nouvelle; ils s'élevèrent avec force contre la faculté des coupes extraordinaires. Hélas! l'abus qu'on a fait depuis de cette faculté prouve surabondamment combien ces hommes éminents étaient dans le vrai.

Les coupes extraordinaires rendent impossibles les aménagements réguliers; elles tendent à faire disparaître la haute-futaie et elles ont singulièrement contribué au mauvais état dans lequel se trouvent aujourd'hui nos forêts.

L'État ne doit pas exploiter en vue du revenu, mais bien en vue de l'intérêt général; il doit s'attacher à produire les bois nécessaires aux constructions, à la Marine, à l'industrie etc. etc., et cela n'arrivera que lorsque les aménagements ne dépendront plus du caprice de l'administration, mais seront soumis par la loi à des règles fixes et invariables. Et qu'on ne croie pas que je veuille élever ici la moindre critique contre les agents qui composent l'administration; loin de là, je suis le premier à reconnaître que les agents sont généralement des hommes fort instruits, consciencieux, dévoués et animés du désir sincère de faire le bien. Si trop souvent ils sont entraînés à sacrifier les intérêts qu'ils devraient sauvegarder; cela tient principalement à l'obligation qui leur est imposée de faire des produits. On l'a dit depuis longtemps et c'est ici le cas de le répéter; par suite d'une répartition d'attributions, que rien ne justifie, l'administration forestière se trouve dépendre du Ministère des finances. Il s'ensuit tout naturellement que l'impulsion qu'elle reçoit tend à tirer des forêts le plus d'argent possible, tandis qu'elle devrait tendre à féconder les rapports économiques de ces propriétés avec l'intérêt général. Au lieu d'être une régie financière, l'administration forestière devrait être rattachée au Ministère de l'Agriculture, du Commerce et des travaux publics. Alors, mais seulement alors, elle pourrait remplir en liberté son véritable rôle qui doit consister, non pas à augmenter de quelques millions la recette du trésor, mais à accroître la richesse publique en s'attachant à produire des arbres de haute futaie et en outre au point de vue de la question spéciale qui m'occupe, en facilitant aux populations les moyens de jouir, dans une large mesure de tous les avantages que peut et doit procurer le voisinage des forêts.

Depuis quelques années, le Gouvernement poursuit avec

beaucoup d'ardeur, le cantonnement des droits d'usage qui, dans certaines provinces, affectent encore une assez grande portion des forêts de l'État. Cette mesure qui rencontre presque partout une résistance opiniâtre, est excessivement impopulaire et cela se comprend. Non-seulement le cantonnement fait perdre à l'usager une partie de son émolument, mais de fait en transformant le droit, il le supprime.

Il enrichit le corps moral de la commune, mais il dépouille les individus.

Je me suis demandé à cette occasion quel était le mobile, l'intérêt que pouvait avoir le Gouvernement à modifier un état de choses qui dure depuis des siècles.

Pourquoi jeter une nouvelle perturbation au milieu des populations usagères déjà si rudement éprouvées par la rigueur du code forestier de 1827?

L'on tient à affranchir les forêts de l'État. Pourquoi?

Ne serait-ce pas par hasard, en vue de l'aliénation ou tout au moins en vue d'une liberté plus grande dans le mode d'exploitation de la forêt? (1)

S'il en était ainsi, ce serait un double malheur. Les droits d'usage tiennent pour ainsi-dire en tutelle les forêts qu'elles affectent; mais cette tutelle est salutaire; elle est un obstacle aux coupes immodérées, une garantie pour la régularité de l'aménagement.

Les cantonnements deviendraient une véritable calamité si, comme j'en ai entendu exprimer la crainte, l'affranchissement des forêts grevées devait servir de prétexte pour en interdire l'accès aux malheureux. Il faut espérer que la sagesse du Gouvernement ne

---

(1) Voir Note IV.

permettra pas une pareille iniquité. Puisse au contraire son attention se fixer sérieusement sur cette grave question des jouissances forestières ! Qu'il la mette à l'enquête ! Qu'il consulte les conseils municipaux et un certain nombre d'habitants des communes forestières ! Et il saura bientôt tout le prix qu'on attache à ces jouissances, toute l'influence qu'elles sont de nature à exercer sur le bien-être et la prospérité des populations.

Note (voir Page 5)

Copie de l'Edit de 1667 en ce qui concerne les jouissances forestières.

L'Edit est daté de St Germain-en-Laye, Avril 1667, J.J. le roi séant.

« Louis etc. etc. Entre les désordres causés par la licence
« de la guerre, la dissipation des biens des communautés a
« paru des plus grandes : elle a été d'autant plus générale,
« que les seigneurs, les officiers et les personnes puissantes se
« sont aisément prévalus de la faiblesse des plus nécessiteux,
« que les intérêts des communautés sont ordi-
« nairement les plus mal soutenus, et que
« rien n'est plus davantage exposé que ces biens,
« dont chacun s'estime le maître. En effet, quoique
« les usages et les communes appartiennent au public, à
« un titre qui n'est ni moins favorable, ni moins privilégié
« que celui des autres communautés, qui se maintiennent
« dans leurs biens par l'incapacité de les aliéner, sinon en
« des cas singuliers et extraordinaires et toujours à faculté de requet;
« néanmoins on a partagé ces communes, chacun s'en est accommodé
« selon sa bienséance, et pour en dépouiller les communautés l'on
« s'est servi de dettes simulées, et abusé pour cet effet des formes
« plus régulières de la justice. Aussi ces communes

« qui avaient été par forme d'usage seulement
« pour demeurer inséparablement attachées aux
« habitations des lieux, pour donner moyen aux
« habitants de nourrir des bestiaux et de fertiliser
« leurs terres par des engrais et plusieurs autres
« usages, en ayant été aliénés, les habitants étant
« privés de faire subsister leurs familles, ont été
« forcés d'abandonner leurs maisons ; et par cet
« abandonnement les bestiaux ont péri, les
« terres sont demeurées incultes, les manufactu-
« res et le commerce en ont souffert, et le public
« en a reçu des préjudices très-considérables. Et comme
« l'amour paternel que nous avons pour tous nos sujets nous
« fait porter nos soins partout, que la considération que nous
« faisons des uns n'empêche pas que nous fassions réflexion
« sur les autres, que nous n'avons rien davantage sur le
« cœur que de garantir les plus faibles contre l'oppression des
« plus puissants et de faire trouver aux plus nécessiteux du
« soulagement dans leurs misères ; nous avons estimé que nous
« ne pouvions employer de moyen plus convenable à cet effet
« que celui de faire rentrer les communautés dans leurs usages
« et communes aliénées et leur donner moyen d'acquitter leurs
« dettes légitimes. Et d'autant qu'il serait impossible de rétablir
« la culture des terres et de les améliorer par les engrais en
« laissant les bestiaux sujets aux saisies de tous les créanciers
« particuliers sans distinction, qu'en les exemptant pour un
« temps des exécutions, les débiteurs deviendront plus accommo-
« dés, les terres produiront davantage et chacun en recevra de notables
« commodités.

« A ces causes etc, voulons et nous plaît, que dans un mois à compter du jour de la publication des présentes, les habitants des paroisses et des communautés, dans toute l'étendue de notre royaume rentrent sans aucune formalité de justice, dans les fonds, prés, pâturages, bois, terres, usages, communes, communaux, droits et autres biens communes par eux vendus, ou baillés à baux, à écus ou emphytéotiques, depuis l'année 1620, pour quelques causes et occasions que ce puisse être, même à titre d'échange, les héritages échangés; et à l'égard des autres aliénations, en payant et en remboursant aux acquéreurs dans 10 ans, en dix paiements égaux, d'année en année; le principal des dites aliénations faites pour causes légitimes, et qui aura tourné au bien et utilités des dites communautés, suivant la liquidation qui en sera faite par les commissaires qui seront à ce par nous députés; et cependant l'intérêt à raison du denier vingt-quatre qui diminuera à proportion des paiements qui seront faits; sans que les créanciers des communautés, même ceux qui se trouveront créanciers pour raison de remboursement du prix pour lequel les communes auront été aliénées, puissent faire saisir les dites communes, ni en faire bail judiciaire ni d'en faire adjuger les fruits ou la jouissance, à quelque titre ou sous quelque prétexte que ce soit, en justice ou par convention faite avec les habitants, à peine de perte de leur dû et de 2000 livres d'amende.

« Voulons à cet effet que les sommes nécessaires pour les remboursements soient imposées et levées sur tous et chacun des habitants des dites communautés et paroisses, le tout nonobstant tous contrats, transactions, arrêts, jugements, lettres patentes vérifiées et autres choses à ce contraire ; auquel remboursement voulons que tous les habitants des paroisses contribuent, même les exempts et privilégiés, lesquels à cet effet seront taxés d'office, par les commissaires par nous députés dans les paroisses, à proportion des biens qu'ils se trouvent posséder dans les dites paroisses.

« Défendons à toutes personnes de quelque qualité et condition qu'elles soient, et à leurs fermiers, d'envoyer leurs bestiaux paccager dans les dites communes, ni prendre aucune part dans les dits usages, qu'ils n'aient payé les sommes auxquelles ils seront compris dans les dits remboursements à peine de confiscation des bestiaux et de 2000 livres d'amende. Et seront tenus tous seigneurs prétendant droit de tiers dans les usages communs et communaux des communautés, et qui en auront fait faire le triage à leur profit, depuis l'année 1630, et abandonner et délaisser la libre et entière possession au profit des dites communautés ; nonobstant tous contrats, transactions, arrêts, jugements et autres à ce contraire. Et au regard des seigneurs, qui se trouveront en possession des dits usages, auparavant les dites 30 années, sous

« prétexte du dit tiers, ils seront tenus de représenter le titre
« de leur possession, par devant les commissaires à ce dépu-
« tés, pour en connaissance de cause y être pourvu; et en
« cas que les dits seigneurs soient et demeurent maintenus
« dans le dit tiers, ne pourront eux ni leurs fermiers, user
« comme les autres habitants des pâturages, bois, commu-
« nes et autres usages, à peine de réunion de la portion
« qui leur a été assignée pour leur triage.

« Et au moyen de ce que dessus, faisons très expresses
« inhibition et défense à toutes personnes, de quelque
« qualité et condition qu'elles soient, de troubler ni inquié-
« ter les habitants des dites communautés dans la pleine
« et entière possession de leurs biens communs et aux
« dits habitants de ne plus aliéner leurs usages
« et communes sous quelques causes et prétexte que
« ce puisse être; nonobstant toute permission qu'ils
« pourraient obtenir à cet effet, à peine contre les consuls,
« échevins, procureurs, syndics et autres personnes chargés
« des affaires des dites communautés, qui auront passé les
« contrats, ou assisté aux délibérations qui auront été tenues
« à cet effet, de 3000 livres d'amende, au paiement de
« laquelle ils seront solidairement contraints, au profit
« des hôpitaux généraux des lieux, de nullité des contrats
« et de perte des prix contre les acquéreurs, qui sera délivré
« pareillement aux dits hôpitaux.

« Et pour traiter d'autant plus favorablement
« les communautés, nous les avons confirmées et
« confirmons par ces présentes, dans la possession

« et jouissance des usages et communes qui leur
« ont été concédés par les rois nos prédécesseurs
« et par nous ; même leur remettons le droit de
« tiers qui nous pourrait appartenir dans les
« dits usages et communes : et en conséquence défendons
« à nos officiers et à tous autres de demander, de poursuivre,
« ni faire faire aucun triage à notre profit, pour raison
« de ce ; sans préjudice des aliénations qui pourraient
« avoir été faites du dit tiers à nous appartenant, en exé-
« cution de l'édit de l'année 1619, qui en ordonne l'aliéna-
« tion, ni du droit de tiers et danger aussi à nous appar-
« tenant dans les bois et forêts. Et désirant pourvoir
« à la conservation des bestiaux, nous avons fait,
« comme nous faisons très-expresses inhibitions
« et défenses, à tous huissiers et sergents de pro-
« céder pendant le temps de quatre années, par
« voie de saisie, ni de vendre aucuns bestiaux,
« soit pour dettes de communautés ou parti-
« culières à peine d'interdiction de leurs charges, et de
« 3000 livres d'amende applicable moitié à nous et l'autre
« moitié à la partie, et de tous ses dépens dommages
« et intérêts ; sans préjudice néanmoins du privilège des
« créanciers, qui auront donné les bestiaux à cheptel,
« qui les auront vendus ou qui en auront payé le prix ;
« même des propriétaires des fermes et terres pour leurs loyers
« et fermages, sur les bestiaux qui seront sur leurs terres, ap-
« partenant à leurs fermiers, auxquels il sera loisible de faire
« procéder par voie de saisie sur les bestiaux, nonobstant

[illegible] dépenses, [illegible], etc, etc. »

Note II (voir Page 13)

Traduction plus étendue de l'ouvrage de Mr Dressler, relative aux jouissances du pâturage, des herbes, des feuilles mortes, des fruits, etc. etc.

« La surface totale des propriétés forestières dans le royaume de Hanovre s'élève à 1.771.205 morgen ou à environ 450.000 hectares. Dont 905.500 morgen appartiennent à l'État.

450.653 morgen appartiennent aux corporations

406.104 " " aux particuliers

Pour déterminer en argent, la valeur des jouissances dans ces diverses forêts il a établi le compte suivant, qui en tous points lui paraît très modéré et plutôt trop peu que trop élevé. »

Fruits

Les fruits des arbres tels que glands, faînes, pommes de pins, s'élèvent dans les forêts de l'État à une valeur de ...... Th. 52.970

dans celles des corporations 33.580

La main-d'oeuvre qui a été employée pour ces récoltes est estimée dans les forêts de l'État à 71.340

dans les forêts des corporations 33.500

188.590

Feuilles mortes.

dans les forêts de l'État, à thalers		66.660
id	des corporations	50.000
main-d'œuvre pour les ramasser	forêts de l'État	33.340
	des corporations	25.000
		175.000

Pâturages et coupe des herbes.

dans les forêts de l'État, à thalers		172.590
id	des corporations	128.700
main-d'œuvre, forêts de l'État		48.330
id	des corporations	50.000
		399.620

Récolte des fraises, mirtilles, framboises etc, etc.

dans les forêts de l'État, thalers		73.800
id	des corporations	71.200
		145.000

(Pour ces récoltes on n'a compris que la main d'œuvre, la valeur des produits n'est pas comprise)

« Le total, des jouissances ci-dessus, s'élève donc dans les « forêts domaniales et dans celles des corporations du royau- « me de Hanovre, à thalers 908,210 ou bien 3.405.788 francs.

Outre les jouissances ci-dessus il y aurait à ajouter les produits des carrières de pierres, de terre glaise, du

« sable, de la tourbe ; et la récolte des champignons, qui dans
« diverses contrées est encore d'une certaine importance.

« Il y aurait à ajouter les écorces, les plantes officinales,
« les mousses, les lichens, les produits de la chasse et la production
« du miel, etc, etc.

« Si toutes ces jouissances pouvaient se chiffrer, il en résulterait une augmentation notable de la somme ci-dessus de 3½
« millions de francs.

« Les bois enlevés par les délinquants forestiers ne doivent pas être omis, quoiqu'on ne puisse les ajouter au rendement des forêts.

Mr. Dressler, estime la valeur de ces bois, au plus bas à 9000 thalers pour les forêts de l'État et à 7800 thalers pour les autres forêts, soit ensemble à environ 16.800 thalers ou bien à 65,000 francs.

Voici maintenant un extrait du remarquable travail de Mr. Dressler, concernant les pâturages et l'enlèvement des herbes. Il prouve que si les hommes possédaient des connaissances solides en sylviculture et en même temps des connaissances étendues en économie politique, ils ne songeraient jamais à priver le pauvre cultivateur des jouissances forestières ; parce qu'il en résulte évidemment un préjudice immense pour tout le pays.

« Les produits du pâturage et des herbes dans les forêts.

« Pour bien établir le chiffre de ces produits, nous possédons les données les plus exactes des forêts du Harz. Dans ces forêts (à l'exception de quelques petites parcelles) le pâturage et le parcours y sont exercés partout dans les cantons défensables et le nombre des bestiaux y est noté très-exactement.

« En moyenne on y conduit chaque année :

8,000 vaches et boeufs,

2,500 génisses et veaux,

200 chevaux,

12,000 moutons et

600 porcs.

« Les bêtes à cornes et les chevaux y pâturent tout l'été
« et chaque jour. Pendant les mois de Juin, Juillet, Août
« et Septembre la plupart des bêtes y trouvent leur nourriture
« complète ; tandis que pour le mois de Mai et d'Octobre on
« ne peut admettre que la moitié. Par conséquent vaches
« et chevaux trouvent pendant 5 mois de l'année leur nour-
« riture complète dans les forêts.

« Les moutons et les porcs ont outre les forêts encore d'autres
« pâturages ; et nous estimons leur consommation forestière
« seulement à la valeur d'un seul repas comme on en donne,
« dans quelques localités, le soir aux bestiaux.

« La consommation du cheval équivaut à celle d'une vache ;
« et des 2000 génisses et des 500 veaux on prendra 2 pièces
« comme l'équivalent d'une vache. D'après cela il y aurait
« à compter 9450 jours de pâturage de vaches pendant 5
« mois.

« Il faut à une vache par an au moins la valeur
« de 50 quintaux de foin, soit 21 quintaux pour 5 mois.
« Le quintal de foin est estimé à 8 gros, quoiqu'on le vende
« généralement à 12 gros dans le Harz. Par conséquent
« on peut admettre 7 thalers pour le pâturage d'une vache.
« Cette estimation est bien certainement au-dessous de la

« réalité et aucun des usagers ne céderait son pâturage à ce prix.

« Les 9450 pâturages de vaches s'élèvent donc à la somme de 66.150 thalers.

« La surface des forêts de l'État dans le Harz où l'on exerce le pâturage s'élève à 200.958 morgen; par conséquent la valeur du pâturage, sur un morgen, est de 7 gros et 10 pf dans les forêts du Harz; et cela, sans que les forêts subissent par le pâturage un dommage réel.

« C'est là un fait tellement important qu'il devrait donner à réfléchir à tous ceux qui veulent la suppression du pâturage; car il ne s'agit de rien de moins que d'enlever annuellement au revenu national la somme de 258.000 francs, et cela sans aucune raison fondée et sans aucune compensation.

« Par ce qui précède on peut aussi se convaincre de l'erreur, généralement répandue, que les forêts de sapins et de pins, sont moins avantageuses pour le pâturage que les forêts de bois feuilles.

« Outre le pâturage, il y a encore à considérer dans les forêts du Harz, l'enlèvement des herbes.

« Généralement on coupe ou on arrache l'herbe dans les cantons non défensables, ou sur les places où les bêtes ne peuvent pas pâturer; et à cet effet on accorde des permissions par écrit.

« En 1847, cette jouissance a été l'objet d'un examen attentif de la part de l'auteur même de ce livre, en ce qui concerne le bourg Lauterberg.

« Dans cette année on y a délivré 300 permissions pour chercher de l'herbe, pour lesquelles on a encaissé 225 thalers. Chaque personne cherchait pour sa part en moyenne 156 charges, chacune pesant 60 livres, ce qui représente au moins une valeur de 40 livres en foin. Par conséquent cette commune a reçu dans une année 46,800 charges d'herbes, représentant 4680 quintaux de foin; en sorte que chaque coupeuse d'herbe a rapporté en moyenne 15 3/5 de quintaux de bon foin et a dépensé outre son travail environ 1 gros par quintal pour la permission. En comptant la main-d'œuvre à raison de 1 gros par charge, le quintal de foin reviendrait à 11 gros pour la main-d'œuvre. Cette main-d'œuvre ne peut être un grand sacrifice pour cette personne, parce qu'elle n'aurait pu se procurer, qu'exceptionnellement, ce gain ailleurs; mais cela démontre aussi le grand avantage qui résulte de cette jouissance pour la classe pauvre.

Le même résultat a été constaté dans les autres localités du Harz. »

Par ces extraits, nous voyons que le royaume de Hanôvre possède 350 mille hectares de forêts dont 235.000 hectares à l'État.

115,000 id aux corporations.

Elles procurent aux usagers un gain annuel de 2 millions de francs.

La France, possède 9 millions d'hectares de forêts

dont	6.000.000	appartiennent	à des particuliers,
	1.800.000	"	aux communes,
et	1.200.000	"	à l'État.
	9.000.000		

En procédant en France comme en Hanovre, les 1.200.000 hectares de forêts appartenant à l'État donneraient aux communes environnantes (les plus pauvres de l'Empire) un gain annuel de 12 millions de francs et celles des communes.......... 18 " "

total 30 millions de francs.

Il faut encore ajouter ici un fait assez remarquable, celui, que les forêts appartenant à l'État en Hanovre, ont une contenance double de celle des forêts appartenant aux particuliers, tandis qu'en France les particuliers possèdent cinq fois plus de forêts que l'État.

Et comme les particuliers n'accordent pas volontiers des jouissances dans leurs forêts, et ne les exploitent généralement qu'en taillis (ce qui rend la plupart des jouissances même impossibles ou au moins peu productives) il s'en suit que les communes qui les avoisinent et qui jouissaient dans le temps de ces forêts, en sont complètement évincées aujourd'hui. C'est là aussi probablement la cause principale de leur pauvreté et de l'émigration des habitans dans les villes.

Note III (voir Page 88)

Dans cette note je chercherai à indiquer avec plus de détails la situation et les besoins des petits cultivateurs, particulièrement de ceux qui vivent à proximité des forêts. En insérant ces détails dans la notice, j'aurais détourné l'attention du sujet principal, tandis qu'en les annexant sous forme de note, ils ne peuvent que corroborer à l'ensemble et démontrer encore davantage la nécessité de rendre aux cultivateurs pauvres les jouissances forestières.

En effet, ce qu'il faut au pauvre campagnard, ce sont les moyens de pouvoir nourrir une vache, autrement c'est un homme perdu. S'il parvient aussi à gagner 1.40 et même 1.80 par jour, ce gain est insuffisant pour qu'il puisse pourvoir aux besoins les plus restreints de sa famille et de lui-même, surtout en considérant que dans l'année il y a beaucoup de jours où le mauvais temps l'empêche de travailler dehors et pendant lesquels il lui est difficile de gagner seulement quelques sous.

S'il possède une vache, celle-ci par le lait, le beurre, le fromage, le veau et le fumier qu'elle lui donne, lui procure souvent un gain annuel presque égal au sien.

Mais un pauvre habitant de la campagne, comment peut-il parvenir à tenir une vache!

Il y parvient si la commune a des pâturages, soit qu'elle possède des terrains spécialement affectés à cet usage, soiqu'elle puisse faire pâturer dans une forêt à lui appartenant, ou qu'elle jouisse du pâturage dans des forêts appartenant à l'État ou à des particuliers. Car si une commune jouit d'un tel pâturage, l'habitant qui n'a que peu ou point de biens, peut alors facilement acheter ou faire chercher par sa famille dans le bas du village, ce qu'il lui faut encore de fourrage pour nourrir sa vache pendant le temps qu'elle ne peut pâturer.

Si, en outre, une commune est encore propriétaire d'une certaine quantité de terrain, qu'elle peut donner gratuitement en jouissance aux habitants les moins aisés, le pauvre peut alors adjoindre à sa vache encore un ou deux porcs ou quelques moutons, et alors il n'a plus à craindre d'autre misère que celle qu'il s'attire par sa propre faute ou celle que le sort implacable lui envoie.

Là où il y a des pâturages il y a aussi du bétail et avec le bétail prospère l'agriculture et le paysan.

La grande vérité contenue dans ces deux lignes, n'est malheureusement que trop méconnue aujourd'hui; car on cherche journellement à restreindre les pâturages et à partager entre les habitants les terrains qui y sont destinés. Par suite de cette transformation l'aisance de quelques-uns peut être augmentée mais il est indubitable que la majorité en aura à souffrir. Et alors après une période de temps, plus ou moins éloignée, il se peut que les mêmes circonstances que celles qui ont provoqué l'édit de 1667 se représentent de nouveau, quoique sous une autre forme et d'une autre manière.

Déjà aujourd'hui, on entend partout des plaintes que les campagnes se dépeuplent au profit des villes et que la culture des champs en souffre parce que les bras nécessaires à ce travail y manquent.

Cette émigration s'explique du reste facilement ; et elle a pour seule et unique cause, que les villes présentent aujourd'hui aux campagnards un meilleur avenir que les villages. Dans les villes la main-d'œuvre est plus élevée et plus régulière, le travail est plus varié et plus intéressant, l'habillement y est plus riche et plus beau, les moyens de s'instruire plus faciles, les lieux de distraction et de divertissement y sont en bien plus grand nombre, en un mot, la vie est plus agréable et meilleure.

Même ceux qui tombent dans la misère trouvent dans la ville plus d'aide et de secours que dans les villages ; et s'ils deviennent malades, la ville leur ouvre généreusement les hôpitaux les mieux organisés et ils y sont traités par les médecins les plus distingués et les plus expérimentés. Tandis que dans les villages, les habitations sont généralement peu salubres, quelquefois même des taudis humides, dans lesquels les habitants ne peuvent se remettre des maladies que grâce à leur constitution robuste. Car pour médecin, ils n'en ont bien souvent d'autres que le pâtre ou quelque vieille femme ignorante, qui les expédient ordinairement plus vite dans l'autre monde que s'ils laissaient agir la nature seule.

A la vérité parmi les émigrants dans les villes il y en a beaucoup qui y périssent par suite de leur ignorance ou de leurs passions ; mais il arrive aussi que quelques-uns y acquièrent une assez belle position et une certaine fortune. Et de même qu'à la guerre, on parle peu ou point de ceux qui restent sur le champ de bataille, si sur cent mille, un seul, devient Général ou Maréchal, les arrières petits-enfants s'en souviennent encore avec admiration.

Car pour atteindre la fortune l'homme se décide facilement à courir des risques et à affronter des dangers.

Cependant si l'on pouvait procurer aux campagnards peu aisés, mais ayant de l'ordre et possédant l'amour du travail, un logement très-simple, un habillement des plus modestes et une nourriture très-frugale, même sans le moindre espoir d'acquérir plus tard un plus grand bien-être, il est certain qu'on éprouverait une grande peine à décider cet homme à quitter son lieu natal, ses parents et ses amis, pour échanger la vie tranquille et uniforme du campagnard contre l'activité fiévreuse et dévorante du citadin.

Il me semble que des prétentions aussi modestes doivent être réalisables ; et je crois que le Gouvernement pourrait contribuer efficacement à ce résultat, en accordant de nouveau aux communes les jouissances forestières. Les habitants pourraient alors engager un pâtre, un porcher et un berger selon l'état des forêts dans lesquelles ils obtiendraient la tolérance du pâturage ; car ce n'est qu'au moyen des pâturages que les pauvres campagnards peuvent élever et conserver des bestiaux.

« Mais me répondra-t-on, il faut s'opposer au pâtre commun, parce qu'en allant avec le troupeau, l'engrais se perd, la vache donne moins de lait et son corps ne prend pas le développement voulu. »

Cela peut avoir une apparence de vérité ; mais en y regardant de plus près, l'on verra bien qu'il n'en est pas ainsi en réalité.

D'abord l'engrais, ne se perd pas, sur la route les enfants le ramassent ; sur les places de repos, c'est le pâtre qui le rassemble et sur le pâturage il fait pousser l'herbe au profit des bestiaux.

En outre, le petit cultivateur qui a de la peine à conserver une vache dans l'étable pourra au moyen du pâtre élever encore une génisse à côté de sa vache, en sorte qu'il aura deux animaux pendant la nuit, tandis qu'il n'en n'avait qu'un auparavant. D'ailleurs le pâturage ne les éloigne de l'étable que le jour et seulement pendant la moitié de l'année.

Quant au reproche que les vaches donnent moins de lait et qu'elles se développent moins, il me paraît tout aussi peu fondé. Effectivement en Angleterre, en Hollande, en Suisse et en Allemagne où les vaches restent une bonne partie de l'année dans les pâturages, même pendant la nuit, elles donnent beaucoup et d'excellent lait et elles acquièrent souvent une taille prodigieuse.

Mais en France, où la propriété est si morcelée, il résulte de la suppression du troupeau commun, un fait qui mérite la plus sérieuse attention de tout homme compétent en s'occupant de questions agricoles et d'économie publique.

Ce fait est le suivant.

Anciennement toutes les communes avaient leurs troupeaux, parce que chaque commune possédait des biens communaux ou des jouissances dans les forêts domaniales ou seigneuriales.

Mais beaucoup de conseils municipaux, composés généralement des personnes les plus aisées de la commune ont provoqué la vente ou le partage de ces biens, soit pour construire des édifices publics, soit pour acquérir en propriété personnelle ce dont ils n'avaient que la jouissance commune.

Ces diverses opérations contentèrent d'abord tout le monde parce que tel cultivateur qui ne possédait rien du tout, obtenait quelquefois par ce mode de partage 2. 3 et 4 arpents de terre et pouvait ainsi continuer à nourrir ses bestiaux à l'étable sans les envoyer au troupeau commun ; il était même devenu propriétaire et n'avait plus à payer le pâtre. Mais après le décès des premiers acquéreurs, leurs biens partagés souvent entre beaucoup d'enfants, devenaient insuffisants pour nourrir même une seule vache. Alors ne pouvant plus vivre, le pauvre cultivateur vendait sa parcelle de terre et quittait le village pour chercher du travail dans la ville ; ou bien il essayait de louer les terres nécessaires pour entretenir une vache. Mais ce dernier moyen devenait bientôt pour lui trop difficile et même impossible ; car n'ayant plus la jouissance de biens communaux, il était obligé de nourrir la vache complètement à l'étable et pour cela il lui fallait le double d'arpents qu'auparavant ; mais il n'en trouvait plus à louer, parce que les cultivateurs riches du village avaient augmenté le nombre de leurs bestiaux en raison du partage des communaux et de l'acquisition des parcelles de terre que les pauvres avaient été obligés de vendre.

Il en est résulté, que la disparition des pâturages communaux a contribué essentiellement à augmenter le nombre des pauvres et à rendre la vie à la campagne bien plus difficile qu'auparavant.

L'administration forestière, de son côté, s'en est tenue rigoureusement à son code et a cherché, par tous les moyens, à restreindre et à faire disparaître le pâturage et le parcours dans les forêts de l'État et a contribué ainsi pour sa bonne part à augmenter encore ce fâcheux état des choses[1]

Il ne faut donc pas s'étonner de l'appauvrissement d'une grande partie de la population agricole. A la vérité quelques cultivateurs riches en ont profité, mais la prospérité générale en a souffert. Car tel cultivateur, par les circonstances que je viens d'indiquer a, peu à peu, acquis les terres sur lesquelles 10 cultivateurs nourrissaient auparavant 10 vaches, tandis que lui n'en a plus que 3 ou 4, parce qu'il trouve plus avantageux de cultiver une partie de ses terres en vignes, colza, tabacs etc, etc. De cette manière la culture des produits alimentaires et l'élève du bétail, ont dans bien des cas, fait place à la culture des produits destinés à l'industrie et au luxe; et l'ancienne législation douanière a encore souvent favorisé ce changement de culture.

Il y a donc peut être lieu d'examiner, s'il ne faut pas remédier à ce mal, et dans ce cas, voir par quel moyen on parviendrait le mieux à reconstituer une certaine propriété communale qui devrait servir à secourir efficacement et dignement les pauvres cultivateurs.

Mais en attendant le mieux, contentons-nous du bien; or le bien consiste pour les communes situées près des forêts dans l'obtention des jouissances forestières.

Au moyen de ces jouissances les cultivateurs pourraient augmenter le bétail en s'occupant immédiatement de l'élève des vaches et des porcs.

En comparaison avec les autres pays de l'Europe, nous n'occupons que le 16e rang quant aux vaches et le 12e quant aux porcs

---

(1) Il est bien entendu qu'en comparant l'état ancien de l'agriculture à l'état actuel, je laisse en dehors l'augmentation de prospérité qui est résulté pour l'état agricole actuel de l'établissement des chemins de fer et de l'amélioration notable des autres voies de communication.

Nous avons donc tout intérêt à augmenter ces deux espèces d'animaux domestiques. La vache est d'un entretien facile et à la portée des petits cultivateurs; elle leur procure par son lait et son beurre, le meilleur de leur revenu; une bonne vache nourrit pour ainsi dire une pauvre famille.

Le revenu net d'une bonne vache peut être estimé par an au moins de 200 à 300 francs, selon les conditions plus ou moins favorables dans lesquelles on se trouve. Ces chiffres seuls nous montrent quelle notable augmentation de bien-être une vache apporte dans l'existence d'une famille pauvre.

La production du porc est la plus facile et la moins chanceuse, et pour la régularité elle peut presque être comparée à la production manufacturière. L'élève des porcs est en outre possible aux plus pauvres familles, et donne un résultat plus prompt et plus avantageux (en comparaison du capital engagé) que celle d'aucun autre animal domestique.

Voici l'extrait de compte d'un cultivateur allemand, sur le rendement des porcs, que je trouve dans une petite brochure reçue il y a quelques jours.

Compte.

Achat de 10 porcs et leur nourriture pendant les premiers 4 mois, s'élevant à la somme de frs .... 165.f.

Nourriture pendant un an (compris six mois de parcours en forêt .... 225.

Engraissement pendant 20 semaines (chaque jour 12 kilos de pommes de terre, 1 minot de petits pois, plus tard du blé égrugé) .... 280.

Diverses petites dépenses, le pâtre etc, etc ..... 135.

805.

Après un peu plus d'un an et demi (19 mois) ces porcs sont engraissés et pèsent de 110 à 115 Kilos chacun qu'on peut vendre au plus bas à 135 francs chaque porc soit à une somme totale de . . . . 1350f.

L'achat et l'entretien de ces 10 porcs ont coûté (voir plus haut). . . . . 805.

Reste bénéfice net frs 545

non compris 50 quintaux de fumier qu'on a obtenu de ces 10 porcs.

Il y a 15 ans j'ai relevé moi-même très minutieusement le compte suivant chez un de nos ouvriers, qui à cette époque jouissait du parcours en forêt.

Il a acheté au mois d'avril 2 porcs, au prix très élevé de 16 francs, chacun, soit . . . . 32.

Ces deux porcs ont coûté pour nourriture en pommes de terre frs . . . . 10.

en	sons	6.	
"	farine	10.	
"	tourteaux de navets	4.	
"	navets	5.	35.
			67.

Les jeunes porcs du second porc acheté, n'ont eu dans les premières trois semaines que le lait de la mère et après, pendant 21 jours, ils ont reçu pendant chaque jour 3 chopines de lait (0,20c) soit 4f.20

en tout 3 tourteaux, 0,30c 0.90

Pommes de terre, pour environ . . . . 1.

73.10

Fin novembre il a tué un porc qui pesant 70 kilos estimé alors à 0,80c. .... fr. 56. .

Pour les intestins, sang et plus value de la graisse, environ .... 5. .

L'autre porc qui était une truie, a mis bas 5 jeunes, qui ont été vendus le 1r Mars de l'année suivante, au marché de Saverne à 51.75

La truie qui porte de nouveau (1r Mars) est estimée au plus bas à .... 30. .

	142.75
à déduire les dépenses ci-dessus	73.10
Reste bénéfice net sur 2 porcs.	69.65

Par conséquent ce journalier a gagné 69f.65 sur ces 2 porcs et les consommateurs ont gagné une production de viande de 142.75.

En estimant seulement la viande ci-dessus (qui a été consommée par la famille du journalier) à 0,80c au lieu de 1f. qui était alors le prix de la boucherie (aujourd'hui elle se vend 1f.20) on trouve une différence de 14f. pour un porc soit 28f. pour les deux.

Ainsi par l'élève de deux porcs ce pauvre homme a gagné 69f.75 et les consommateurs (ce que nous sommes tous) ont gagné 28f. et la production générale a été augmentée de 142.75; ce qui équivaut à 7 hectolitres de froment ou au revenu brut d'un des meilleurs arpents de terre. Il faut encore considérer que la production du froment, par suite du mauvais terrain ou d'une température défavorable peut se trouver fortement réduite; tandis que la production des porcs est presque la même chaque année.

En considérant que le cultivateur français a réalisé son bénéfice dans l'espace de 9 mois sur l'un des porcs et dans l'espace de 12 mois sur l'autre porc, et que le cultivateur allemand ne l'a réalisé qu'au bout de 19 mois, l'on remarquera que l'avantage pour l'allemand n'est pas très marquant, surtout si l'on ajoutait les 28f. qui forment la différence entre le prix d'estimation et le prix réel payé à la boucherie (soit le bénéfice du boucher).

Il est encore à considérer que la truie mettant bas ordinairement 7 petits, qui au bout de 8 ou 9 mois sont assez forts pour être consommés, la perte n'est pas considérable, si même deux ou trois venaient à périr, tandis qu'il n'en est pas de même des vaches qui ne font qu'un seul veau ; et à ce veau il faut 2 à 3 ans, avant qu'il ne devienne un revenu pour le propriétaire.

Par conséquent celui qui élève une vache est exposé pendant près de 3 ans à perdre cette bête unique, et en la perdant, il perd non-seulement le fruit des nombreux soins qu'il lui a donnés, mais encore une valeur en argent assez considérable, qu'il a de la peine à supporter, s'il ne jouit pas d'un peu d'aisance.

On connaît la production d'un porc ou plutôt la fabrication du porc n'est soumise qu'à peu et à de très légères mauvaises chances ; aussi donne-t-elle d'excellents résultats dans la plupart des cas. Donc celui qui sait bien choisir ses porcs et qui les soigne convenablement doit en retirer de beaux bénéfices ou il jouerait de malheur.

A la vérité, les rendements plus ou moins importants, dépendent beaucoup de la situation locale de la race et aussi tout de la nourriture et des soins qu'on leur donne. En sorte que cette production peut donner dans un endroit les bénéfices les plus élevés et dans un autre peu ou même point de profits.

Mais partout où les éleveurs de porcs jouissent du parcours dans les forêts, ils se trouvent dans d'excellentes conditions de réussite, et il est vraiment incompréhensible que l'État ait laissé tarir une des plus magnifiques sources de production.

On estimait il y a une quinzaine d'années la consommation totale de la France en viande à 675.000.000 Kilogrammes, dont presque la moitié était de la viande de porc.

La consommation de la ville de Strasbourg s'élevait en 1846 à 3.609.734 Kg. En voici le détail d'après l'octroi :

Frs. 69.200	sur	4,325	boeufs	1.297.500
" 27.742	"	2,134	taureaux ou vaches	480.150.
" 33,852	"	16,923	veaux	677.040.
" 9,433	"	6,292	moutons	188.760.
" 31,125	"	12,450	porcs	933.750.
4,897	"		viande dépecée	32.534.
176.254			Total	3.609.734.

Si l'on estime maintenant que par suite de l'augmentation du bétail (résultat presque assuré du pâturage et du parcours dans les forêts) le Kilogramme de viande diminue de 0,20 c, et cela arriverait presque indubitablement après quelques années de jouissance, il en résulterait une économie annuelle de 721,946 francs en faveur des habitants de la ville. Il n'y a pas d'exagération à porter cette somme à un million de francs, parce que la diminution du prix entraînera nécessairement une plus forte consommation. Il est encore certain qu'une plus grande consommation de viande augmenterait les produits de l'octroi, en estimant cet excédant à un tiers en sus du rapport actuel, on trouve un surcroît de revenu de 60,000 francs.

On aurait tort de croire que ces calculs soient basés sur de simples probabilités ; car on peut invoquer en leur faveur l'expérience du passé. C'est ainsi que nous voyons dans l'état comparatif du produit brut de l'octroi, que depuis 1811 la consommation de la viande est allé toujours en diminuant : de 9.000 bœufs elle est descendue à 4.300

"	24.000	veaux	" à 16.000
"	24.000	moutons	" à 7.000
"	23.000	porcs	" à 12.000

Aussi dans ses observations judicieuses sur son compte administratif, le Maire s'exprime-t-il ainsi :

« L'octroi, au rebours de nos revenus patrimoniaux,
« tend sans cesse à diminuer, et n'atteint plus le chiffre
« de nos prévisions les plus modérées.

« Cette diminution frappe principalement sur l'article
« des viandes, auxquelles les classes peu aisées sont obligées
« de renoncer, par suite de leur grande cherté. »

Dans le compte administratif de cette année 1866, le Maire signale de nouveau cette regrettable et constante diminution dans la consommation des viandes.

Note IV (voir Page 32)

Cette note contient quelques réflexions au sujet du projet de l'Etat de vendre pour 100 millions de francs de forêts; elles pourraient peut-être présenter quelque intérêt dans le cas où l'Etat n'aurait pas définitivement renoncé à ce projet.

Je crois que si le Gouvernement, au lieu de vendre des forêts demandait au public à lui prêter 100 millions de francs, à raison de 3½ ou 4%, on s'empresserait de les souscrire. A mon avis il vaudrait infiniment mieux augmenter la dette publique de 100 millions que de vendre pour 100 millions de francs de forêts. Et voici pourquoi:

Si l'Etat emprunte 100 millions à 4%, il peut compter qu'il perd (en comparant ce capital aux forêts) par an 1% d'intérêt. C'est-à-dire, qu'il est obligé de payer 4%, tandis qu'il ne retire que 3% des forêts, soit par an une perte totale de 1 million de francs pour le trésor.

Par contre s'il vend pour 100 millions de forêts, il est obligé de se défaire justement des forêts les plus productives et de celles qui ont la plus grande valeur; c'est-à-dire, celles situées en plaine.

En admettant maintenant qu'on vendra chaque hectare à mille francs (ce qui est probable) il faudrait vendre 100,000 hectares pour 100 millions de francs. Mais par contre, il faut considérer qu'en vendant chaque année

16 à 20.000 hectares on ne vendra jamais ces forêts à leur valeur réelle mais beaucoup au-dessous; en sorte qu'on devra se dire que l'État vendra 100 millions ce qui valait réellement au moins 125 millions, soit un quart en sus.

Il faut admettre en outre, qu'en 50 ans le bois double de valeur. Il l'a fait dans les 20 dernières années car il y a 20 ans on achetait le bois de chauffage hêtre et chêne, à moitié prix de ce que l'on paie aujourd'hui. Le bois d'oeuvre a quadruplé de valeur, puisqu'il y a 20 ans, on achetait encore à 30 frs le mètre cube de chêne et aujourd'hui il se paie 120 et même 130 frs. Il s'en suit que ce que l'État vendrait aujourd'hui 100 millions, vaudra dans 50 ans (peut-être déjà en 10 ans) 250 millions de frs, soit 150 millions de frs de plus.

Et l'économie que l'État aurait réalisé sur la différence des 3 à 4 % sur l'intérêt de l'emprunt ne serait que 50 million.

Par conséquent si ces estimations ou ces considérations sont justes, l'État après 50 ans, aurait perdu par suite de la vente de ses forêts (déduction faite des 50 millions ci-dessus pour différence d'intérêts perdus) une somme de cent millions de francs.

Mais il y a plus, si l'État, ainsi que je l'en prie, tolérait les jouissances dans les forêts qu'il voudrait vendre, et qui sont les meilleures et les mieux situées pour les usagers, les communes retireraient certainement de ces 100,000 hectares, annuellement un profit qui ne pourra être estimé à moins de 1 million de francs (soit seulement 10 francs par hectare)

Donc la perte d'intérêt que l'État supporterait par suite de l'emprunt, serait plus que compensée par le profit qu'en tirerait la prospérité générale et les 100 millions pour plus-value, seraient gagnés par l'État au bout de 50 ans.

Certes, si l'État avait réalisé il y a 20 ans, la vente de 100 millions de forêts, il aurait perdu à l'heure qu'il est, une somme d'au moins cent millions de francs, uniquement par la différence des prix de bois qui existe entre ceux d'aujourd'hui et ceux d'il y a 20 ans.

D'après ce qui (précède) je crois pouvoir affirmer que le passé justifie pleinement la probabilité des calculs que je viens de faire.

J'engage donc le Gouvernement de l'Empereur de toute la force de mon âme non-seulement de conserver ses forêts, mais encore [illegible] et de faciliter de nouveau aux cultivateurs l'exercice des jouissances forestières.

En s'y refusant l'État agirait comme le propriétaire d'un jardin qui préférerait laisser pourrir les débris de légumes et les mauvaises herbes, plutôt que de les donner à son jardinier pour en nourrir une vache.

Ou bien comme une ménagère qui préférerait jeter sur le fumier les restes et les débris de sa cuisine, plutôt que de les donner à quelqu'un de sa famille pour engraisser ses porcs.

Ou, encore, comme un grand propriétaire qui préférerait laisser une partie de ses terres en friches plutôt que de les laisser cultiver gratis par ses propres enfants.

www.ingramcontent.com/pod-product-compliance
Ingram Content Group UK Ltd.
Pitfield, Milton Keynes, MK11 3LW, UK
UKHW022128170726
13837UKWH00003B/1423